Michaela Russmann

Vegane BURGER & CO.

LECKERES & GESUNDES
FAST FOOD OHNE FLEISCH

Bassermann

INHALT

EINLADUNG INS VEGANE WUNDERLAND 8

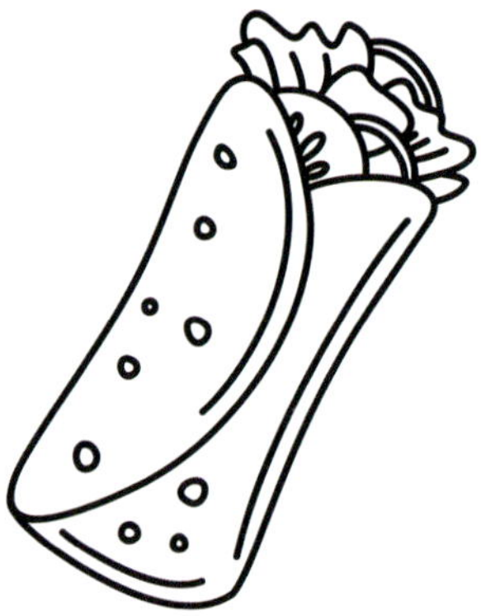

Einladung ins vegane Wunderland

Clint Eastwood tut es, Natalie Portman ebenfalls, Venus Williams macht es, Leonardo da Vinci tat es und Lewis Hamilton tut es noch – sie alle essen keine tierischen Produkte, sprich: Sie ernähren sich vegan. Veganismus hat in den letzten Jahren einen großen Aufschwung erfahren. Es ist hip, es ist trendy, es ist gesund und es ist besser fürs Gewissen.

Vielen Menschen erscheint eine Ernährung ohne jegliche tierische Produkte suspekt. Verwunderlich ist das kaum, wurde eine ausgewogene Ernährung doch stets mit Eiern, Fleisch, Milch und Butter in Verbindung gebracht und vegane Ernährung als der pure Verzicht betrachtet. Bei der intensiveren Auseinandersetzung mit dem Thema »vegan« stößt man jedoch rasch auf genügend Vorteile – Gesundheit, voller Geschmack, Freude und unendlich viel Abwechslung sind garantiert.

Vegan und vegetarisch

Die große Gemeinsamkeit von Veganern und Vegetariern ist der Verzicht auf Fleisch und Fisch. Je nach Typ konsumieren Vegetarier im Unterschied zu Veganern noch Milchprodukte und Eier – Typ Ovo-Lacto-Vegetarier – oder nur Eier – Typ Lacto-Vegetarier –, wohingegen Veganer in ihrer Ernährung vollständig auf tierische Produkte verzichten. Und nicht nur in der Ernährung, sondern in der Lebensweise überhaupt, denn auch beim Einkauf von Non-Food-Produkten wie Wasch- und Reinigungsmitteln, Kosmetika, Farben, Schuhen, Kleidung u. Ä. wird auf die Prädikate »tierfrei« und »ohne Tierversuche« geachtet.

ALLES TOFU, ODER WAS?

Sich vegan zu ernähren bedeutet nun aber mehr, als nur Tofu in den verschiedensten Varianten zuzubereiten. Produkte wie Seitan (Weizeneiweiß), Sojamilch und andere Pflanzenmilchsorten wie Mandel- oder Hafermilch und im Handel erhältliche Sojaprodukte wie z. B. Wiener Würstl machen den veganen Speiseplan zu einer bunten, abwechslungsreichen und gesunden Angelegenheit ohne Verzicht, dafür aber mit einer Extraportion Wohlbefinden.

VEGANE STÄRKEN

Die Vorteile der veganen Ernährung sind rasch aufgezählt. Zahlreiche wissenschaftliche Studien zeigen, dass die vegane Ernährungsform arm an gesättigten Fettsäuren, dafür reich an Ballaststoffen sowie Vitaminen, Mineralien und krebsvorbeugenden Verbindungen ist. So kann mit veganer Kost Krebs, Diabetes und Darmerkrankungen vorgebeugt werden, der allgemeine Gesundheitszustand kann verbessert werden und ernährungsbedingte Krankheiten können verhindert werden. Eine pflanzliche Ernährung kann cholesterinfrei, fettarm und nahrhaft sein.

Eiweiß (Protein) ist ein wichtiger Nährstoff, der für den Aufbau, die Erhaltung und die Erneuerung von Körpergeweben benötigt wird. Deshalb werden Veganer häufig gefragt, wo um alles in der Welt sie denn bloß ihr Eiweiß herbekommen. Die Antwort: Der Eiweißbedarf lässt sich sehr leicht auch mit pflanzlichen Proteinen aus verschiedenen Getreide- und Gemüsesorten sowie Hülsenfrüchten decken. Als besonders eiweißhaltig gelten unter anderem Soja, Seitan, schwarze Bohnen, Linsen, Kichererbsen und Quinoa.

Und andere Nährstoffe, die in tierischen Produkten enthalten sind, z. B. Eisen oder Kalzium? Dazu lässt sich sagen, dass Veganer in der Regel sogar mehr Eisen aufnehmen als Fleischesser. Tierisches Eisen ist für den Körper zwar leichter verwertbar als pflanzliches, doch kann dieses kleine Defizit durch die Aufnahme von Vitamin C wieder ausgeglichen werden. Und auch Kalzium findet sich reichlich in pflanzlicher Kost, etwa in grünem Gemüse wie Brokkoli oder Grünkohl, in weißen Bohnen und generell in Obst und Gemüse. Ein weiterer Vorteil der veganen Ernährung ist, dass Sie sich wahrscheinlich energiegeladener und vitaler fühlen werden, was sich wiederum positiv auf Ihr Aussehen und Ihre Ausstrahlung auswirkt.

Vegane Schönheitsfehler

Natürlich soll auch nicht verschwiegen werden, dass sich die Umstellung auf eine pflanzliche Ernährungsweise im sozialen Bereich mitunter als Herausforderung erweisen kann. Auswärts essen kann kompliziert werden, wobei gleichzeitig jedoch angemerkt sei, dass vegetarische und vegane Restaurants boomen wie noch nie. Einladungen von Freunden oder der Familie werden mit Fragen wie: »Was soll ich denn bloß für dich kochen?« ergänzt, als schnellen Snack für zwischendurch bekommt man immer noch gern ein Wurstbrötchen in die Hand gedrückt. Und dennoch werden vegan und vegetarisch immer mehr zum neuen Normal. Diverse Lokalführer und Internetplattformen haben das »Wo gibt's was feines Veganes?« mittlerweile sogar zu ihrem Hauptrecherchethema erklärt.

Immer wieder hört man – berechtigterweise – auch, dass Veganer rascher einen Vitamin-B12-Mangel erleiden, da dieses Vitamin insbesondere in Leber und Milchprodukten vorkommt. Dem kann man jedoch vorbeugen: durch Nahrungsergänzungen, die mit Vitamin B12 angereichert wurden, z. B. durch die entsprechende Sojamilch oder den Reisdrink. Fazit ist und bleibt: Eine pflanzliche Ernährung ist gesund, vorausgesetzt, sie ist abwechslungsreich. Wie in vielen Bereichen gilt es auch hier, auf seinen Körper zu hören und Maß zu halten.

DIE ZEHN BESTEN EI-ALTERNATIVEN

1 AVOCADO
Die Avocado eignet sich hervorragend als Ei-Ersatz auf dem Brot – als cremige Guacamole oder einfach nur in Scheiben geschnitten mit Salz und Tomaten.

2 LEINSAMEN
2 Esslöffel gemahlene Leinsamen ersetzen 1 Ei und eignen sich für herzhaftes Gebäck und als Brotaufstrich.

3 BANANE
Wenn sie sehr reif ist, eignet sich die Banane ausgezeichnet als Ei-Alternative in süßem Gebäck, wobei sie ihr Aroma jedoch leicht an den Teig abgibt. 1 Ei wird durch ½ Banane ersetzt.

4 EI-ERSATZPRODUKTE
Diese sind im Handel erhältlich. Die Hauptzutat ist meist Lupinen- oder Maisstärke, die Produkte werden mit Wasser angerührt. Das Bindemittel ist geschmacksneutral und eignet sich sowohl für Kuchen als auch für Bratlinge.

5 BACKPULVER
Backpulver eignet sich immer dann als Ei-Ersatz, wenn es nicht vorrangig um die Bindekraft des Hühnerprodukts, sondern um die Triebkraft geht. Denn Eier lockern bekanntlich den Teig gut auf.

6 APFELMUS
Auch Apfelmus ist eine gute Ei-Alternative. Ideal ist die Anwendung in Mürbeteig und Muffins: Darin verliert das Apfelmus seinen Geschmack und hinterlässt nur eine feine Säure.

7 STÄRKEMEHL
Stärkemehl aus Mais oder Kartoffeln eignet sich gleichermaßen für pikante wie süße Gerichte. Dafür einfach das Mais- oder Kartoffelstärkemehl mit Wasser vermischen und unter den Teig wie beispielsweise die Bratlingmasse rühren.

8 SOJAMEHL
Sojamehl hat den typischen Eigengeschmack von Soja und verhält sich als Zutat genauso wie Stärkemehl. Geringe Mengen beeinflussen das Geschmackserlebnis jedoch nicht.

9 TOFU
Aus Tofu, einem Quark aus weißem Sojabohnenteig, lässt sich ein wunderbares Rühr»ei« zubereiten. Rezepte finden sich in großer Zahl im Internet.

10 EI WEGLASSEN
Sollte das Ei nicht gerade die Hauptzutat eines Gerichts sein, können Sie es getrost auch einfach weglassen!

VEGANES FAST FOOD

Vegan heißt nicht verzichten – vegan heißt neu entdecken. In der heutigen Zeit muss es hin und wieder rasch gehen. Fast Food eignet sich zum schnellen Hungerstillen, insbesondere wenn es selbst zubereitet und mit viel frischem Gemüse ergänzt wird. Zudem ist die Ersatzproduktpalette schon so umfassend, dass wirklich jedes Gericht auch vegan zubereitet werden kann. Und so steht einem würzigen Chili-sin-Carne-Wrap oder einer cremigen Mayonnaise nichts mehr im Wege. Beinahe jedes tierische Produkt kann ersetzt werden: Milch durch Pflanzendrinks aus Hafer, Dinkel, Soja oder Mandeln, Butter durch Margarine, und selbst für das Ei gibt es unzählige Ersatzmöglichkeiten.

ZU DIESEM BUCH

Fast Food hat den Ruf, zwar preiswert, dafür aber zu fettig, zu salzig und generell zu ungesund zu sein. Deshalb hat es sich das vorliegende Kochbuch zum Ziel gesetzt, durch günstige Zutaten einerseits dem Ruf des Preiswerten gerecht zu werden, andererseits aber Rezepte zu bieten, die weder ungesund noch kohlenhydratlastig sind. Es wird nicht ausschließlich auf Fleischersatzprodukte zurückgegriffen, dafür hält die gesunde Gemüseküche einfach eine zu große Auswahl und zu viele kreative Alternativen bereit. Generell zeichnen sich die Rezepte durch die großzügige Verwendung von Gemüse und den eher eingeschränkten Einsatz von Fett aus. Die verwendeten Zutaten sind leicht erhältlich, zu ihrer Verarbeitung sind keine außergewöhnlichen Küchengeräte nötig. »Einfache Rezepte für jedermann« lautet das Motto. Alle Zubereitungszeiten verstehen sich inklusive Back- oder Garzeit.

Burger & Hotdogs

Die Klassiker des Fast Foods kommen hier im neuen Gewand daher. Ob mexikanisch-feurig, herrlich gartenfrisch oder exotisch asiatisch – diese Burger und Hotdogs überraschen selbst eingefleischte Schnellgerichtkenner!

Für 8 Brötchen
Zubereitungszeit:
ca. 60 Minuten

Das Bild zu diesem Rezept finden Sie auf S. 14.

200 ml Pflanzendrink, z. B. Sojadrink
25 g vegane Butter
400 g Weizenmehl
1 Prise Salz
1½ TL Zucker
1 Würfel frische Hefe
Sesam zum Bestreuen

BURGERBRÖTCHEN SELBST GEMACHT

1 Pflanzendrink und Butter erwärmen, bis diese geschmolzen ist. In einer Schüssel Mehl mit Salz und Zucker vermengen. Den Hefewürfel zur Mehlmischung bröseln. Die Butter-Pflanzenmilch-Mischung dazugießen und alles zu einem geschmeidigen Teig verkneten. Die Schüssel mit einem Geschirrtuch bedecken und den Teig an einem warmen Ort gut 30 Minuten gehen lassen.

2 Den Backofen auf 225 °C vorheizen. Den Teig nach der Ruhezeit in 8 Stücke teilen und zu Brötchen formen. Die Teiglinge auf ein mit Backpapier belegtes Blech geben und mit Sesam bestreuen. Die Burgerbrötchen ca. 20 Minuten goldbraun im Ofen backen und vor dem Verzehr erkalten lassen.

Für 4 Semmeln
Zubereitungszeit:
ca. 15 Minuten

Das Bild zu diesem Rezept finden Sie auf S. 15.

8 Salatblätter
1 Tomate
1 kleine Salatgurke
1 gelbe Paprikaschote
Öl zum Braten

4 vegane Schnitzel (Fertigprodukt)
4 Burgerbrötchen
8 TL vegane Mayonnaise *(Rezept siehe S. 57)*

SCHNITZELSEMMEL

1 Die Salatblätter waschen und trockentupfen. Tomate, Gurke und Paprikaschote waschen und putzen. Tomate und Gurke in Scheiben, Paprika in feine Streifen schneiden.

2 Das Öl in einer Pfanne erhitzen und die Schnitzel darin knusprig braten. Die Brötchen halbieren und auf den Innenseiten mit je 1 Teelöffel Mayonnaise bestreichen. Anschließend mit Salat, Gemüse, Schnitzel, wieder Gemüse und Salat belegen. Nach Belieben Ketchup verteilen und die oberen Brötchenhälften auflegen. Die Burger warm genießen.

Für 4 Burgerliebhaber
Zubereitungszeit: ca. 25 Minuten

600 g Zucchini
400 g Kartoffeln, mehligkochend
1 Bund Petersilie
3 EL Weizenmehl
2 Knoblauchzehen
Salz
Öl zum Braten
½ Bund Dill
250 g Sojajoghurt
1 TL Kräutersalz
1 Karotte
½ Salatgurke
2 Tomaten
1 gelbe Paprikaschote
4 Vollkornbrötchen

GARTENBURGER

1 Zucchini waschen und putzen. Kartoffeln waschen und mit den Zucchini grob reiben. Petersilie waschen und trockenschütteln. Die Blättchen abzupfen und fein hacken. Mit dem Mehl zu den Kartoffeln und Zucchini geben und alles gut vermengen. Knoblauch abziehen, durch die Presse drücken und zur Gemüsemasse geben. Mit Salz würzen.

2 Großzügig Öl in eine Pfanne geben und erhitzen. Jeweils 2 Esslöffel Gemüsemasse zu Burgern formen und diese im Öl auf beiden Seiten goldbraun braten.

3 Dill waschen und trockenschütteln. Die Blättchen abzupfen und fein hacken. Mit Sojajoghurt und Kräutersalz verrühren. Das Gemüse waschen und putzen. Karotte grob reiben, Gurke und Tomaten in Scheiben schneiden, Paprikaschote in Streifen schneiden.

4 Die Vollkornbrötchen halbieren. Die Unterseite jeweils mit 1 Esslöffel Soja-Dill-Joghurt bestreichen, die Zucchini-Kartoffel-Burger darauflegen und mit der geschnittenen Rohkost dekorieren. Mit 1 weiteren Esslöffel Soja-Dill-Joghurt abschließen und mit der anderen Brötchenhälfte bedecken.

TIPP Das Gemüse kann nach Lust und Laune variiert werden. Leckerer Rucola, cremige Avocadoscheiben oder knackiger Stangensellerie passen prima.

ROBERT
HERDER
ROSTFREI
Solingen
Germany

Für 4 Burgerliebhaber
Zubereitungszeit: ca. 50 Minuten

10 mittelgroße Kartoffeln
1 Rote Bete
1 kleine Zwiebel
½ Bund Petersilie
2 Knoblauchzehen
4 EL gemahlene Haselnüsse
1 Msp. Muskatnuss
Salz, Pfeffer
Sesam zum Wälzen
Öl zum Braten
8 Salatblätter
1 Salatgurke
2 Tomaten
4 Burgerbrötchen *(Rezept siehe S. 16)*
4 Scheiben veganer Käse
4 EL Kräuterketchup *(Rezept siehe S. 56)*

ROTE-BETE-BURGER

1 Die Kartoffeln ca. 30 Minuten gar kochen, etwas abkühlen lassen und pellen. Die Rote Bete gründlich waschen und mitsamt der Schale fein reiben. Zwiebel abziehen und klein hacken, Petersilie waschen und trockenschütteln. Die Blättchen abzupfen und fein schneiden. Knoblauch abziehen und durch die Presse drücken. Die gegarten Kartoffeln fein stampfen und mit Roter Bete, Zwiebel, Petersilie, Knoblauch und den gemahlenen Haselnüssen vermengen. Mit Muskatnuss, Salz und Pfeffer würzen.

2 Aus der Masse 4 möglichst flache Bratlinge formen und diese in Sesam wälzen. Öl in einer Pfanne erhitzen und die Bratlinge darin braten.

3 Salatblätter waschen und trockentupfen. Gurke und Tomaten waschen, putzen und in Scheiben schneiden. Die Burgerbrötchen halbieren und mit Salat, Bratlingen, Gemüse, Käse und nochmals Salat belegen. Mit jeweils 1 Esslöffel Kräuterketchup bestreichen und mit der anderen Brötchenhälfte bedecken.

TIPP Die Bratlinge passen ohne Burgerbrötchen wunderbar zum Caesar's Salad (Rezept siehe S. 68).

Für 4 Burgerliebhaber
Zubereitungszeit:
ca. 25 Minuten

250 g Kidneybohnen
1 Knoblauchzehe
2 rote Zwiebeln
1 kleine Zwiebel
1 EL Sojasauce
100 g feine Haferflocken
Salz, Pfeffer
3 Msp. Chilipulver
1 EL Maiskörner
2 EL Röstzwiebeln
Öl zum Braten
6 EL scharfer Ketchup
1 Tomate
2 Gewürzgurken
8 Salatblätter
4 Burgerbrötchen *(Rezept siehe S. 16)*
4 EL vegane Mayonnaise *(Rezept siehe S. 57)*

CRUNCHY MEXICAN BURGER

1 Die Kidneybohnen in ein Sieb geben und abtropfen lassen. Anschließend mit dem Stabmixer pürieren. Den Knoblauch abziehen und durch die Presse drücken. Alle Zwiebeln ebenfalls abziehen. 1 rote Zwiebel klein hacken, die andere rote Zwiebel in Ringe schneiden und beiseitestellen. Die restliche Zwiebel ebenfalls fein hacken und beiseitestellen. Knoblauch mit Sojasauce, Haferflocken, Salz, Pfeffer, Chilipulver, klein gehackter roter Zwiebel, Mais und Röstzwiebeln zum Kidneybohnenpüree geben und alles gut verkneten.

2 Aus der Masse mit feuchten Händen 4 Patties formen. Öl in einer Pfanne erhitzen und die Burger darin auf beiden Seiten knusprig braten.

3 Den Ketchup mit beiseitegestellter gehackter Zwiebel und etwas Chilipulver vermischen. Die Tomate waschen und in Scheiben schneiden. Die Gurken längs in Scheiben schneiden. Die Salatblätter waschen und trockentupfen.

4 Die Burgerbrötchen halbieren und mit Patties, Salat, Tomaten- und Gurkenscheiben, Zwiebelringen, Zwiebelketchup und veganer Mayonnaise belegen bzw. bestreichen. Mit der anderen Brötchenhälfte bedecken und sofort servieren.

Für 4 Burgerliebhaber
Zubereitungszeit:
ca. 20 Minuten

Das Bild zu diesem Rezept finden Sie auf S. 25 unten.

300 g geräucherter Tofu
1 kleine Chilischote (optional)
100 ml Öl zum Braten
2 Karotten
1 rote Paprikaschote
1 kleine rote Zwiebel

4 Salatblätter
4 Burgerbrötchen *(Rezept siehe S. 16)*
8 EL Mangochutney (Fertigprodukt)
1 TL süßes Currypulver

RAUCHBURGER MIT MANGOCHUTNEY

1 Den geräucherten Tofu in Scheiben schneiden. Die Chilischote waschen, längs aufschneiden, entkernen und klein hacken. Mit dem Öl vermischen. Wer es nicht so gern scharf hat, lässt die Chilischote einfach weg, wer es gern noch schärfer hat, hackt die Kerne mit klein. Eine Pfanne erhitzen und das Chiliöl zugeben. Die Tofuscheiben darin kross anbraten.

2 Karotten waschen, putzen und grob reiben. Paprikaschote waschen, putzen und in dünne Streifen schneiden. Zwiebel abziehen und in Ringe schneiden. Salatblätter waschen und trockentupfen.

3 Die Burgerbrötchen halbieren und mit je 1 Esslöffel Mangochutney bestreichen. Anschließend in dieser Reihenfolge belegen: Salat, Tofu, geriebene Karotten, Paprikastreifen, nochmals je 1 Esslöffel Mangochutney, Zwiebelringe. Zum Schluss etwas Currypulver darüberstreuen und mit der anderen Brötchenhälfte bedecken.

Für 4 Burgerliebhaber
Zubereitungszeit:
ca. 20 Minuten

Das Bild zu diesem Rezept finden Sie auf S. 29 unten.

Öl zum Braten
4 vegane Gemüseburger (Fertigprodukt)
1 kleine Zwiebel
2 Tomaten
4 EL Kidneybohnen (aus der Dose)
8 Salatblätter

4 Burgerbrötchen *(Rezept siehe S. 16)*
150 g Salsa (aus dem Glas)
4 EL Maiskörner (aus der Dose)
2 EL Jalapeños

MEXIKANISCHER SALSABURGER

1 Das Öl in einer Pfanne erhitzen und die Gemüseburger darin auf beiden Seiten kross braten.

2 Zwiebel abziehen, Tomaten waschen. Beides in Scheiben schneiden. Die Kidneybohnen in ein Sieb geben und abtropfen lassen. Die Salatblätter waschen und trockentupfen.

3 Die Burgerbrötchen halbieren und mit Salsa bestreichen. Je 1 Esslöffel Kidneybohnen und Mais daraufgeben und mit den Gemüseburgern sowie Tomaten, Salsa, Salat, Jalapeños und Zwiebelscheiben belegen. Die andere Brötchenhälfte daraufsetzen und nach Belieben noch mit Gemüse, Salsa und Jalapeños toppen.

TIPP Die Auswahl an veganen Gemüsebratlingen ist schon sehr groß. Durchkosten lohnt sich!

Für 4 Burgerliebhaber
Zubereitungszeit: ca. 25 Minuten

Das Bild zu diesem Rezept finden Sie auf S. 25 unten.

4 TL mittelscharfer Senf
2 TL süßes Currypulver
2 TL rote Currypaste (aus dem Asia-Laden)
2 EL Sojasauce
400 g Seitanfilets
Öl zum Braten
2 Karotten
1 kleine Zucchini
1 kleine Zwiebel
2 Blätter Chinakohl
1 EL Sesamsamen
4 Burgerbrötchen *(Rezept siehe S. 16)*
4 EL Erdnusssauce *(Rezept siehe S. 56)*

SPICY ASIA-FILETBURGER

1 Senf, Currypulver, Currypaste und 1 Esslöffel Sojasauce vermischen und die Seitanfilets damit großzügig einreiben. Das Öl in einer Pfanne erhitzen und die marinierten Filets darin auf beiden Seiten kross braten.

2 Karotten und Zucchini waschen, putzen und grob reiben. Zwiebel abziehen, Chinakohlblätter waschen und trockentupfen. Beides in feine Streifen schneiden. Das Gemüse mit den Sesamsamen und der restlichen Sojasauce vermengen.

3 Die Burgerbrötchen halbieren und mit dem marinierten Gemüse, den Seitanfilets und wieder mit mariniertem Gemüse belegen. Mit je 1 Esslöffel Erdnusssauce abschließen und mit der anderen Brötchenhälfte bedecken.

TIPP Dazu passen Indische Chips als Beilage (Rezept siehe S. 60).

Für 4 Burgerliebhaber
Zubereitungszeit: ca. 45 Minuten

200 g Erbsen (TK)
300 g Süßkartoffeln
2 Knoblauchzehen
1 Dose Kichererbsen
1 TL gemahlener Kreuzkümmel
1 TL Salz
Zitronensaft, frisch gepresst
6 EL Mehl
Öl zum Braten
1 TL Sesamsamen
200 g Sojajoghurt
1 TL scharfes Currypulver
Pfeffer
1 Tomate
1 gelbe Paprikaschote
1 Karotte
8 Salatblätter
4 Burgerbrötchen *(Rezept siehe S. 16)*

SÜẞKARTOFFELBURGER

1 Die Erbsen auftauen lassen. Die Süßkartoffeln schälen und ca. 25 Minuten gar kochen. Knoblauch abziehen und durch die Presse drücken. Süßkartoffeln, Knoblauch, Kichererbsen, Kreuzkümmel, Salz, Zitronensaft, Mehl und Erbsen mit dem Stabmixer zu einer homogenen Bratlingmasse pürieren.

2 Öl in einer Pfanne erhitzen. Aus der Bratlingmasse mit feuchten Händen 4 Burger formen und diese im heißen Öl auf beiden Seiten braten.

3 Für den Curryrahm die Sesamsamen in einer kleinen Pfanne ohne Fett anrösten. Mit Sojajoghurt, Currypulver sowie 1 Prise Salz und Pfeffer verrühren.

4 Tomate, Paprikaschote und Karotte waschen und putzen. Die Salatblätter waschen, trockentupfen und in grobe Stücke zupfen. Tomate in Scheiben, Paprika in Streifen schneiden. Die Karotte fein reiben. Die Burgerbrötchen halbieren und mit Curryrahm, Salat, Bratlingen, Gemüse, wieder Salat und zum Abschluss noch einmal Curryrahm füllen.

TIPP **Das Bild zu diesem Rezept finden Sie auf der gegenüberliegenden Seite oben.**

Für 4 Burgerliebhaber
Zubereitungszeit: ca. 25 Minuten

1 Knoblauchzehe
4 EL Teriyakisauce
2 Msp. Chilipulver
4 Seitanfilets, insgesamt ca. 400 g
Öl zum Braten
2 Tomaten
1 rote Zwiebel
4 Salatblätter
4 Burgerbrötchen *(Rezept siehe S. 16)*
4 EL vegane Mayonnaise *(Rezept siehe S. 57)*
4 Scheiben Ananas (nach Möglichkeit frisch, sonst aus der Dose)

TERIYAKI-ANANAS-BURGER

1 Den Knoblauch abziehen und durch die Presse drücken. Mit der Teriyakisauce und dem Chilipulver verrühren und die Seitanfilets darin mindestens 10 Minuten ziehen lassen.

2 Das Öl in einer Pfanne erhitzen und die Seitanfilets darin auf beiden Seiten kross braten.

3 Tomaten waschen, Zwiebel abziehen. Tomaten in Scheiben, Zwiebel in Ringe schneiden. Die Salatblätter waschen und trockentupfen.

4 Die Burgerbrötchen halbieren und mit je 1 Esslöffel Mayonnaise bestreichen. Mit Tomatenscheiben, Salat, Seitanfilets, Ananasscheiben und Zwiebelringen belegen, mit der anderen Brötchenhälfte bedecken und sofort servieren.

TIPP **Freunde der süß-sauren Küche können anstelle der Ananas auch eine Mango verwenden. Zu diesem Burger passen Indische Chips (Rezept siehe S. 60) mit einer Erdnusssauce (Rezept siehe S. 56).**

Für 4 Burgerliebhaber
Zubereitungszeit:
ca. 20 Minuten

Das Bild zu diesem Rezept finden Sie auf S. 4 oben.

1 große Aubergine
Mehl zum Wenden
Salz
Öl zum Braten
3 Tomaten
2 Avocados
2 Knoblauchzehen
200 g Sojajoghurt
Pfeffer
8 Salatblätter
4 Burgerbrötchen
(Rezept siehe S. 16)
4 EL vegane Mayonnaise
(Rezept siehe S. 57)

TOMATEN-AUBERGINEN-BURGER MIT AVOCADO

1 Die Aubergine waschen, putzen und in 8 Scheiben schneiden. Etwas Mehl mit 1 Prise Salz vermischen und die Auberginenscheiben in der Mischung wenden. Das Öl in einer Pfanne erhitzen und die Auberginenscheiben darin auf beiden Seiten braten.

2 Die Tomaten waschen und in Scheiben schneiden. Die Avocados schälen, entkernen und ebenfalls in Scheiben schneiden. Den Knoblauch abziehen und durch die Presse drücken. Sojajoghurt mit Salz und Pfeffer würzen, den Knoblauch unterrühren. Die Salatblätter waschen und trockentupfen.

3 Die Burgerbrötchen halbieren und mit je 1 Esslöffel Mayonnaise bestreichen. Je 2 Auberginenscheiben daraufsetzen. Mit Salat, Tomaten und Avocados belegen und mit dem Sojajoghurt abschließen. Mit der anderen Brötchenhälfte bedecken und genießen.

TIPP **Frische Kräuter peppen jedes Gericht auf. ½ Bund Kräuter nach Wahl geben der Sojajoghurtsauce einen zusätzlichen Frischekick.**

Für 4 Burgerliebhaber
Zubereitungszeit:
ca. 35 Minuten

Das Bild zu diesem Rezept finden Sie auf S. 4 oben.

3 Knoblauchzehen
50 g gemahlene Haselnüsse
250 g Kichererbsen (aus der Dose)
3 EL Olivenöl
2 TL Hefeflocken
2 TL Mehl
3 EL gehackte Petersilie
1 TL Kräutersalz
schwarzer Pfeffer
Öl zum Braten
1 Tomate
8 Salatblätter
4 Burgerbrötchen *(Rezept siehe S. 16)*
4 EL Kräuterketchup *(Rezept siehe S. 56)*

Kichererbsenburger mit Kräuterketchup

1 Den Knoblauch abziehen und durch die Presse drücken. Mit den gemahlenen Haselnüssen in einer Pfanne ohne Fett goldbraun anrösten.

2 Die Kichererbsen in ein Sieb geben und abtropfen lassen. Kichererbsen mit der Nuss-Knoblauch-Mischung, Olivenöl, Hefeflocken und Mehl in eine Schüssel geben und mit dem Pürierstab zu einer homogenen Masse verarbeiten. Die Burgermasse mit der Petersilie vermengen, mit Kräutersalz und Pfeffer abschmecken und zu 4 Bratlingen formen. Das Öl in eine Pfanne geben und die Bratlinge darin auf beiden Seiten goldbraun braten.

3 Die Tomate waschen und in Scheiben schneiden. Die Salatblätter waschen und trockentupfen. Die Burgerbrötchen aufschneiden und mit den Bratlingen, den Tomatenscheiben, den Salatblättern und je 1 Esslöffel Kräuterketchup füllen.

Für 4 Hotdogs
Zubereitungszeit:
ca. 15 Minuten

½ Salatgurke
Salz
1 rote Paprikaschote
2 Knoblauchzehen
5 Minzeblätter + etwas Minze zum Dekorieren
200 g Sojajoghurt
1 EL Olivenöl
1 kleiner Schuss Essig
Öl zum Braten
4 große vegane Bratwürste
4 Hotdog-Brötchen

TSATSIKI-HOTDOG

1 Die Gurke waschen und putzen. Mithilfe einer Gemüsereibe fein reiben und salzen. 10 Minuten ziehen lassen, anschließend das entstandene Gemüsewasser abgießen. Die Paprikaschote waschen, putzen und in kleine Würfel schneiden.

2 Den Knoblauch abziehen und durch die Presse drücken. Minzeblätter waschen, klein hacken und mit Sojajoghurt, Knoblauch sowie Gurkenraspeln vermischen. Das Tsatsiki mit Olivenöl, Essig und Salz würzen.

3 Das Öl in einer Pfanne erhitzen und die Bratwürste darin braten. Die Hotdog-Brötchen der Länge nach einschneiden. Die Bratwürste in die Brötchen einlegen und großzügig Tsatsiki dazugeben. Die Hotdogs mit den Paprikawürfeln und etwas Minze dekorieren.

Für 4 Hotdogs
Zubereitungszeit:
ca. 15 Minuten

½ Gurke
1 große Zwiebel
Öl zum Braten
6 EL Ketchup
1 TL Currypulver
1 Msp. Chilipulver
4 große vegane Bratwürste
4 Hotdog-Brötchen

CURRY-HOTDOG

1 Die Gurke waschen und in Scheiben schneiden. Die Zwiebel abziehen und fein würfeln. Das Öl in einer Pfanne erhitzen und die Zwiebelwürfel darin goldgelb anbraten. In eine Schüssel geben und mit Ketchup sowie Curry- und Chilipulver vermischen. 10 Minuten ziehen lassen.

2 In der Zwischenzeit erneut Öl in einer Pfanne erhitzen und die Bratwürste darin kross braten. Kurz vor Bratende die Gurkenscheiben mitschmoren lassen.

3 Die Hotdog-Brötchen der Länge nach einschneiden und mit dem Curry-Zwiebel-Ketchup, den Bratwürsten sowie den geschmorten Gurkenscheiben füllen. Mit etwas Currypulver bestreuen und sofort servieren.

TIPP **Zwiebelliebhaber können zusätzlich noch Röstzwiebeln in den Hotdog füllen. Dazu fein geschnittene Zwiebelringe in reichlich Öl knusprig braten.**

WRAPS, PITAS & DIPS

Sie gehen schnell und verführen mit immer neuen, frischen Zutaten. Wraps und Pitas, mit cremigen Dips kombiniert, sind nicht nur ideal für unterwegs, sondern bleiben garantiert auch auf keinem Partyteller liegen.

Für 4 Wraps
Zubereitungszeit: ca. 30 Minuten

800 g Chinakohl
1 rote Zwiebel
200 g Champignons
je 1 grüne und rote Paprikaschote
100 g Sojasprossen
Öl zum Dünsten
10 g frische Ingwerwurzel
3 Knoblauchzehen
2 EL Sojasauce
2 Msp. Chilipulver
Salz
4 Tortillas
½ Bund Koriander oder Petersilie
200 g Sojajoghurt
Pfeffer

ASIATISCHER KOHL-WRAP

1 Chinakohl waschen, putzen und in feine Streifen schneiden. Zwiebel abziehen und fein würfeln. Champignons mit Küchenkrepp säubern, halbieren und in dünne Scheiben schneiden. Paprikaschoten waschen, putzen und klein würfeln. Sojasprossen in ein Sieb geben, gründlich waschen und abtropfen lassen.

2 Öl in einer Pfanne erhitzen und die Zwiebelwürfel darin goldbraun anbraten. Paprikawürfel, Pilze, Chinakohl und Sojasprossen dazugeben und alles für gut 10 Minuten weich dünsten. In der Zwischenzeit Ingwer schälen und fein reiben. Knoblauch abziehen und durch die Presse drücken. Ingwer, Knoblauch und Sojasauce zum Gemüse in der Pfanne geben und alles gut vermengen. Die Gemüsefülle mit Chilipulver und Salz abschmecken.

3 Die Tortillas nach Packungsanweisung erwärmen. Koriander oder Petersilie waschen und trockenschütteln. Die Blättchen abzupfen und fein hacken. Den Sojajoghurt mit Salz und Pfeffer abschmecken, Koriander oder Petersilie unterrühren. Die erwärmten Tortillas mit der asiatischen Gemüsefülle belegen, den Joghurt dazugeben und die Wraps einrollen.

TIPP Für einen erfrischenden Touch geschnittene Tomate mit einrollen.

Für 4 Wraps
Zubereitungszeit: ca. 30 Minuten

100 g feines Soja-geschnetzeltes
1 kleine Zwiebel
Öl zum Braten
200 g passierte Tomaten (Fertigprodukt)
5 Knoblauchzehen
1 Dose Kidneybohnen
4 EL Maiskörner (aus der Dose)
Salz
1 TL Kreuzkümmelsamen
3 Msp. Chilipulver oder 1 klein gehackte frische Chilischote
4 Tortillas
200 g Sojajoghurt
2 Tomaten
½ Salatgurke
8 Salatblätter
1 rote Zwiebel

CHILI-WRAP

1 Das Sojageschnetzelte mit 200 Milliliter heißem Wasser übergießen und 15 Minuten ziehen lassen.

2 Zwiebel abziehen und klein hacken. Öl in einer Pfanne erhitzen und die Zwiebel darin goldbraun anbraten. Das eingeweichte Sojahack dazugeben und 5 Minuten mitbraten. Passierte Tomaten ebenfalls dazugeben und mitköcheln lassen.

3 Knoblauch abziehen. 3 Zehen durch die Presse drücken. Kidneybohnen in ein Sieb geben und abtropfen lassen. Mit Knoblauch, Mais, Salz, Kreuzkümmel und Chili unter die Sojahack-Tomaten-Mischung rühren und alles 5 Minuten weiterköcheln lassen. Das Chili sin Carne nochmals mit Salz abschmecken.

4 Die Tortillas nach Packungsanweisung erwärmen. Restlichen Knoblauch durch die Presse drücken und mit dem Sojajoghurt verrühren. Mit Salz abschmecken. Tomaten und Gurke waschen, putzen und in Scheiben schneiden. Salatblätter waschen, trockentupfen und in kleine Stücke zupfen. Rote Zwiebel abziehen und in Ringe schneiden. Die Wraps mit Chili sin Carne, Tomaten, Gurke, Salat, Zwiebelringen und Sojajoghurt füllen, fest zusammenrollen und sofort genießen.

Für 4 Wraps
Zubereitungszeit:
ca. 20 Minuten

Das Bild zum Chili-Wrap finden Sie auf S. 75 rechts, das Bild zum Fitness-Wrap auf S. 75 links.

2 Knoblauchzehen
4 EL Tahin (Sesampaste)
2 EL Essig
2 EL Öl
1 TL Zucker
2 EL Sojasauce
4 Avocados

2 Karotten
1 Salatgurke
1 gelbe Paprikaschote
2 Tomaten
8 Salatblätter
4 Tortillas

FITNESS-WRAP

1 Knoblauch abziehen und durch die Presse drücken. Mit Tahin, Essig, Öl, Zucker, Sojasauce und 4 Esslöffel Wasser verrühren und nochmals mit Sojasauce abschmecken.

2 Avocados schälen, entkernen und in Scheiben schneiden. Karotten, Gurke und Paprikaschote waschen, putzen und in sehr feine längliche Streifen schneiden. Tomaten waschen und in Scheiben schneiden. Den Salat waschen, trockentupfen und in mundgerechte Stücke zupfen.

3 Die Tortillas nach Packungsanweisung erwärmen und mit Avocadoscheiben, Karotten, Gurke, Paprika, Tomaten und Salat füllen. Reichlich Sesamsauce dazugeben und die Wraps fest einrollen.

TIPP **Anstelle der Salatblätter können Sie die Wraps auch mit Rucola, Babyspinat oder Feldsalat füllen. Auch das Gemüse ist beliebig variierbar.**

Für 4 Wraps
Zubereitungszeit: ca. 50 Minuten

250 g Kichererbsen
1 kleine Zwiebel
5 Knoblauchzehen
Saft von 1 kleinen Zitrone
1 EL Sesamsamen
1 EL gehackter Koriander (optional)
1 TL gemahlener Kreuzkümmel
1 TL Paprikapulver
1 TL Salz
4 EL Mehl
1 TL Backpulver
Öl zum Bepinseln
½ Bund Petersilie
200 g Sojajoghurt
Pfeffer
2 Tomaten
1 rote Zwiebel
200 g Rotkohl
8 Salatblätter
4 Tortillas

SESAM-FALAFEL-WRAP

1 Kichererbsen in ein Sieb geben und abtropfen lassen. In eine Schüssel füllen und mit dem Stabmixer pürieren. Zwiebel und Knoblauch abziehen; Zwiebel fein hacken, 3 Knoblauchzehen durch die Presse drücken. Mit Zitronensaft, Sesam, Koriander, Kreuzkümmel, Paprikapulver, Salz, Mehl und Backpulver zum Kichererbsenpüree geben und alles gut verkneten.

2 Den Backofen auf 200 °C vorheizen. Aus der Kichererbsenmasse mit feuchten Händen 12 bis 16 Falafel (Bällchen) formen und diese auf ein mit Backpapier belegtes Blech legen. Mit Sonnenblumenöl bepinseln und 30 Minuten im Ofen backen.

3 Restlichen Knoblauch durch die Presse drücken. Petersilie waschen und trockenschütteln. Die Blättchen abzupfen und fein hacken. Knoblauch und Petersilie mit Sojajoghurt vermischen. Salzen und pfeffern. Tomaten waschen und in Scheiben schneiden. Die rote Zwiebel abziehen und in Ringe schneiden. Rotkohl waschen und in feine Streifen schneiden. Salat waschen, trockentupfen und in Stücke zupfen.

4 Die Tortillas nach Packungsanweisung erwärmen und jeweils mit 3 bis 4 Falafel, Gemüse, Salat und Sojajoghurt belegen. Fest einrollen und genießen.

X TIPP **Dazu passen knusprige Rosmarinwedges (Rezept siehe S. 64).**

Für 4 Wraps
Zubereitungszeit:
ca. 20 Minuten

Das Bild zu diesem Rezept finden Sie auf S. 39.

250 g Champignons
je 1 grüne, rote und gelbe Paprikaschote
1 große Zwiebel
Öl zum Braten
70 ml Weißwein
Saft von 1 Zitrone
1 Brühwürfel
2 Knoblauchzehen
1 TL getrockneter Oregano
1 Msp. Cayennepfeffer
Salz
4 Tortillas
100 g Feldsalat

WEIßWEIN-GEMÜSE-WRAP

1 Champignons mit Küchenkrepp säubern und in Streifen schneiden. Paprikaschoten waschen, putzen und ebenfalls in Streifen schneiden. Zwiebel abziehen und fein hacken.

2 Öl in einer beschichteten Pfanne erhitzen und Zwiebel darin andünsten. Paprikastreifen und Pilze dazugeben und mitdünsten. Kurz vor Ende der Garzeit mit Weißwein und Zitronensaft ablöschen, den Brühwürfel hinzufügen und unter Rühren auflösen. Knoblauch abziehen, durch die Presse drücken und unter die Gemüsemischung rühren. Mit Oregano und Cayennepfeffer würzen und mit Salz abschmecken.

3 Tortillas nach Packungsanweisung erwärmen. Feldsalat waschen und trockentupfen. Die Tortillas mit der Gemüsemischung füllen und mit Feldsalat dekoriert servieren.

X TIPP **Der Weißwein kann durch Wasser ersetzt werden.**

Für 4 Portionen
Zubereitungszeit: ca. 20 Minuten

Das Bild zu diesem Rezept finden Sie auf S. 38.

1 Dose Artischockenherzen (Abtropfgewicht ca. 250 g)
1 Zwiebel
4 Tomaten
1 Bund Petersilie
Öl zum Braten
Saft von ½ Zitrone
1 Schuss Essig
1 EL Sesamsamen
Salz
Pfeffer
4 Pita-Brote
250 g Hummus *(Rezept siehe S. 56)*

ERFRISCHENDE ARTISCHOCKEN-PITA

1 Artischockenherzen in ein Sieb geben und abtropfen lassen. Anschließend in grobe Würfel schneiden. Zwiebel abziehen und in feine Streifen schneiden. Tomaten waschen und würfeln. Petersilie waschen und trockenschütteln. Die Blättchen abzupfen und grob hacken.

2 Öl in eine Pfanne geben und die Zwiebelstreifen kurz darin erhitzen. Artischocken, Tomaten und Petersilie dazugeben und ganz kurz erwärmen. Pfanne vom Herd nehmen und das Artischockengemüse mit Zitronensaft, Essig, Sesam, Salz und Pfeffer würzen.

3 Die Pita-Brote nach Packungsanweisung erwärmen. Großzügig mit Hummus bestreichen und mit dem Artischockengemüse füllen.

Für 4 Portionen
Zubereitungszeit:
ca. 15 Minuten

3 Avocados
3 Knoblauchzehen
Saft von ½ Zitrone
Salz, Pfeffer
je 50 g Rucola, Feldsalat und Babyspinat
1 grüne Paprikaschote
je ½ Bund Petersilie und Dill
200 g Sojajoghurt
4 Pita-Brote
2 Tomaten
1 kleine rote Zwiebel

GREEN POWER PITA

1 Avocados schälen und entkernen. Das Fruchtfleisch in eine Schüssel geben und mit einer Gabel cremig zerdrücken. Knoblauch abziehen, durch die Presse drücken und unter die Avocadocreme rühren. Mit Zitronensaft sowie Salz und Pfeffer würzen.

2 Rucola, Feldsalat und Babyspinat verlesen, waschen, trockenschütteln und grob schneiden. Paprikaschote waschen, putzen und würfeln. Petersilie und Dill waschen und trockenschütteln. Die Blättchen abzupfen und fein hacken. Die Kräuter unter den Sojajoghurt rühren und diesen mit Salz würzen.

3 Die Pita-Brote nach Packungsanweisung erwärmen. Tomaten waschen und in Scheiben schneiden. Zwiebel abziehen und in feine Ringe schneiden. Die Pita-Brote zunächst mit der Avocadocreme, dann mit Salat und Paprikawürfeln und schließlich mit Sojajoghurt füllen. Mit Tomatenscheiben und Zwiebelringen dekoriert servieren.

Für 4 Portionen
Zubereitungszeit: ca. 25 Minuten

1 Aubergine
1 Zucchini
Salz
2 Tomaten
5 Knoblauchzehen
1 TL getrockneter Rosmarin
Pfeffer
Öl zum Braten
200 g Sojajoghurt
Kräutersalz
4 Karotten
8 Salatblätter
100 g frischer Blattspinat oder 50 g Rucola
4 Pita-Brote
4 TL grünes Pesto (aus dem Glas)

MEDITERRAN GEFÜLLTE PITA

1 Aubergine und Zucchini waschen, putzen, in Scheiben schneiden und salzen. 10 Minuten ziehen lassen. Tomaten waschen und ebenfalls in Scheiben schneiden. Knoblauch abziehen, 3 Zehen durch die Presse drücken. Die Gemüsescheiben mit dem gepressten Knoblauch sowie Rosmarin und Pfeffer vermischen. Öl in einer Pfanne erhitzen und das Gemüse darin bissfest braten.

2 Die restlichen Knoblauchzehen durch die Presse drücken und mit Sojajoghurt sowie Kräutersalz verrühren. Karotten waschen, putzen und grob reiben. Salatblätter sowie Blattspinat oder Rucola waschen, trockentupfen und in kleine Stücke zupfen.

3 Die Pita-Brote nach Packungsanweisung erwärmen und mit je 1 Teelöffel grünem Pesto bestreichen. Mit der Gemüsemischung, Salat, Blattspinat oder Rucola, Karotten und Knoblauchjoghurt füllen und warm servieren.

TIPP **Zum Aufpeppen können Sie noch einen gebratenen veganen Gemüsebratling mit in die Taschen geben.**

Für 4 Portionen
Zubereitungszeit:
ca. 25 Minuten

400 g Champignons
1 Stange Porree
Öl zum Braten
1 Brühwürfel
2 Knoblauchzehen
1 EL Chiliflocken
4 EL Sojajoghurt
1 Handvoll gehackte Kräuter
Salz
4 Pita-Brote
100 g geriebener veganer Käse

PORREE-PILZ-PITA

1 Champignons mit Küchenkrepp säubern, halbieren und in dünne Scheiben schneiden. Porree waschen, putzen und grob würfeln. Öl in einer Pfanne erhitzen und Pilze sowie Porree darin andünsten. Den Brühwürfel dazugeben und unter Rühren auflösen. Knoblauch abziehen, durch die Presse drücken und unter das Gemüse rühren. Chiliflocken ebenfalls unterrühren und die Gemüsemischung abschmecken.

2 Sojajoghurt mit gehackten Kräutern und Salz mischen. Die Pita-Brote nach Packungsanweisung erwärmen und mit dem Gemüse und dem Kräuterjoghurt füllen. Käse darüberstreuen und nach Belieben mit einem großen grünen Salat servieren.

TIPP **Nach Belieben kann noch weiteres Gemüse mitgeschmort werden, beispielsweise Zucchini, Kohlrabi oder Tomaten.**

Für 4 Sandwiches
Zubereitungszeit: ca. 25 Minuten

2 Tomaten
100 g Rotkohl
1 Zwiebel
½ Salatgurke
1 Fladenbrot oder 4 Pita-Brote

250 g Hummus *(Rezept siehe S. 56)*
12 Falafel *(Rezept siehe S. 44)*
2 EL Chiliflocken (optional)

FALAFEL-SANDWICH

1 Tomaten waschen und in Scheiben schneiden. Rotkohl waschen, putzen und in feine Streifen hobeln oder schneiden. Zwiebel abziehen und in Ringe schneiden. Gurke waschen, putzen und in Scheiben schneiden.

2 Das Fladenbrot oder die Pita-Brote nach Packungsanweisung erwärmen. Wenn ein Fladenbrot verwendet wird, 5 Minuten bei 200 °C im Backofen erhitzen und vierteln. Die Brote einschneiden und mit Hummus bestreichen. Je 3 Falafel und Gemüse einfüllen. Die fertig gefüllten Brote mit Chiliflocken bestreuen.

TIPP **Für einen noch cremigeren Genuss können Avocadoscheiben mit eingefüllt werden.**

Für je 4 Portionen
Zubereitungszeit: ca. 5 Minuten

HUMMUS

FÜR DAS HUMMUS

- 1 Dose Kichererbsen
- 2 Knoblauchzehen
- ½ EL gemahlener Kreuzkümmel
- Saft von ½ Zitrone
- ½ TL Paprikapulver
- ¼ TL Chilipulver
- 1 TL gehackter Koriander (optional)
- Salz

Kichererbsen in ein Sieb geben und abtropfen lassen. In eine Schüssel geben und mit dem Stabmixer fein pürieren. Knoblauch abziehen und durch die Presse drücken. Mit den restlichen Zutaten unter das Kichererbsenpüree mischen und den Dip abschmecken.

TIPP Für eine cremigere Konsistenz rühren Sie noch 2 bis 3 Esslöffel Sojajoghurt unter. Das Bild zu diesem Rezept finden Sie auf S. 38.

ERDNUSSSAUCE

FÜR DIE ERDNUSSSAUCE

- 6 EL Erdnussmus
- 2 EL Sojasauce
- 4 EL gehackte Erdnüsse
- 1 TL gehackter Koriander (optional)

Alle Zutaten gut vermengen und nach Belieben noch mit etwas Salz nachwürzen.

TIPP Die Sauce ergänzt jeden asiatisch angehauchten Burger oder Wrap.

KRÄUTERKETCHUP

FÜR DEN KRÄUTERKETCHUP

- 1 kleine Zwiebel
- 1 Knoblauchzehe
- 6 EL milder Ketchup
- je 1 TL getrockneter Majoran und Oregano
- ½ TL getrockneter Thymian

Zwiebel und Knoblauch abziehen. Zwiebel klein hacken, Knoblauch durch die Presse drücken. Beides mit den restlichen Zutaten vermengen und 20 Minuten ziehen lassen.

Für 4 Portionen
Zubereitungszeit:
ca. 5 Minuten

200 ml Sojamilch
1 Schuss Weißweinessig
250 ml Rapsöl
1 TL mittelscharfer Senf
Salz, Pfeffer

VEGANE MAYONNAISE

Sojamilch und Essig in eines hohes Gefäß geben und mit dem Stabmixer kurz aufmixen. Das Öl unter ständigem Mixen langsam einlaufen lassen, bis alles eine cremige Konsistenz bekommt. Senf einrühren und mit Salz und Pfeffer würzen.

POMMES, WEDGES & SALATE

Sie sind wahrscheinlich der beliebteste Snack überhaupt. Pommes und Wedges werden von Groß und Klein gern genascht. Selbst zubereitet und mit einem frischen Salat kombiniert bieten sie Genuss ohne schlechtes Gewissen.

Gewürzpommes

Für 4 Pommesliebhaber
Zubereitungszeit: ca. 40 Minuten

1 kg Kartoffeln
2 Knoblauchzehen
4 EL Bratengewürz
3 EL Olivenöl

1 Den Backofen auf 200 °C vorheizen. Kartoffeln gründlich waschen, halbieren und zu pommesähnlichen Stücken schneiden. Knoblauch abziehen und durch die Presse drücken. Mit dem Brathuhn- oder Bratengewürz sowie dem Olivenöl zu den Kartoffeln geben und alles gut vermengen.

2 Die Gewürzpommes mit der Hautseite nach unten auf einem mit Backpapier belegten Blech verteilen und gut 30 Minuten im Ofen knusprig backen.

Indische Chips

Für 4 Chipsliebhaber
Zubereitungszeit: ca. 30 Minuten

800 g Kartoffeln
3 TL Knoblauchgranulat
1½ TL Salz
3 TL Currypulver
1 Prise Zimtpulver
4 TL Öl

1 Kartoffeln gründlich waschen und in hauchdünne Scheiben schneiden oder hobeln. Die Gewürze mit dem Öl zu einer Marinade vermischen und diese über die Kartoffelscheiben gießen. Alles gut vermengen und kurz ziehen lassen. Dabei den Backofen auf 225 °C vorheizen.

2 Die indischen Chips auf einem mit Backpapier belegten Blech verteilen und gut 20 Minuten im Ofen kross backen.

Für 4 Pommes-liebhaber
Zubereitungszeit: ca. 40 Minuten

Das Bild zu den Rezepten auf dieser Doppelseite finden Sie auf S. 58.

1 kg Kartoffeln
1 TL Salz
1½ TL Rauchsalz
1 TL edelsüßes Paprikapulver
½ TL Cayennepfeffer
½ TL schwarzer Pfeffer aus der Mühle
½ TL Zwiebelgranulat
½ TL Knoblauchgranulat
3 EL Öl

SMOKED POMMES

1 Kartoffeln schälen und in längliche Stücke schneiden. Die restlichen Zutaten in einer Schüssel vermischen und mit den Kartoffelstücken vermengen. Die Smoked Pommes 15 Minuten ziehen lassen. In dieser Zeit den Backofen auf 200 °C vorheizen.

2 Die Smoked Pommes auf einem mit Backpapier belegten Blech verteilen und gut 30 Minuten im Ofen knusprig backen.

TIPP Für die kalorienärmere Variante der Smoked Pommes können Sie anstelle der Kartoffeln auch Sellerie oder Kürbis verwenden.

TIPP Zu den Indischen Chips (siehe S. 60 unten) passt ein cremiger Currydip: Dafür 200 Gramm Sojajoghurt mit ½ Teelöffel Currypulver und etwas Salz verrühren. Eventuell 1 abgezogene Knoblauchzehe dazupressen.

Für 4 Pommesliebhaber
Zubereitungszeit:
ca. 40 Minuten

1 kg Kartoffeln
1 TL getrockneter Oregano
1 TL getrocknetes Basilikum
2 TL Salz
1 TL Pfeffer
1 TL Knoblauchgranulat
½ TL getrockneter Thymian
3 EL Öl
400 g Sojajoghurt
1 Bund Basilikum
2 Knoblauchzehen

Pommes nach italienischer Art

1 Kartoffeln gründlich waschen, halbieren und in längliche Stücke schneiden. Oregano, getrocknetes Basilikum, Salz, Pfeffer, Knoblauchgranulat, Thymian und Öl zu den Kartoffeln geben, alles gut vermengen und etwa 10 Minuten ziehen lassen. Dabei den Backofen auf 200 °C vorheizen. Die Pommes auf einem mit Backpapier belegten Blech verteilen und 30 Minuten im Ofen backen.

2 In der Zwischenzeit Sojajoghurt in eine Schüssel geben. Frisches Basilikum waschen und trockenschütteln. Die Blätter abzupfen und klein hacken. Knoblauch abziehen und durch die Presse drücken. Basilikum und Knoblauch mit dem Sojajoghurt verrühren und diesen salzen. Den Basilikum-Knoblauch-Dip zu den Pommes reichen.

WESTERN WEDGES

Für 4 Wedgesliebhaber
Zubereitungszeit: ca. 40 Minuten

1 kg Kartoffeln
5 EL Olivenöl
2–3 TL Salz
1 TL Pfeffer
2 EL edelsüßes Paprikapulver
1 TL Chilisauce
50 g Polenta

1 Kartoffeln gründlich waschen, halbieren und in längliche Wedges schneiden. Öl, Salz, Pfeffer, Paprikapulver, Chilisauce und Polenta dazugeben und alles gut vermengen. Gut 20 Minuten ziehen lassen, in dieser Zeit den Backofen auf 200 °C vorheizen.

2 Die Western Wedges mit der Hautseite nach unten auf einem mit Backpapier belegten Blech verteilen und gut 30 Minuten im Ofen backen.

ROSMARINWEDGES

Für 4 Wedgesliebhaber
Zubereitungszeit: ca. 40 Minuten

1 kg Kartoffeln
3 TL getrockneter Rosmarin
1½ TL Kräutersalz
3 EL Olivenöl

1 Kartoffeln gründlich waschen, halbieren und in längliche Wedges schneiden. Rosmarin, Kräutersalz und Olivenöl dazugeben, alles gut vermengen und anschließend ziehen lassen.

2 Den Backofen auf 200 °C vorheizen. Die Rosmarinwedges mit der Hautseite nach unten auf einem mit Backpapier belegten Blech verteilen und gut 30 Minuten im Ofen backen.

TIPP Zu den Rosmarinwedges passt der Kräuterketchup (Rezept siehe S. 56).

Für 4 Pommesliebhaber
Zubereitungszeit: ca. 40 Minuten

1 kg Süßkartoffeln
2 TL Salz
2 TL scharfes Paprikapulver
schwarzer Pfeffer
6 EL Olivenöl
1 TL Knoblauchgranulat

SÜßKARTOFFELPOMMES

1 Süßkartoffeln gründlich waschen und zu länglichen Pommes schneiden. Die restlichen Zutaten dazugeben und alles gut vermengen. Die Pommes gut 10 Minuten ziehen lassen. In dieser Zeit den Backofen auf 200 °C vorheizen.

2 Die Süßkartoffelpommes auf einem mit Backpapier belegten Blech verteilen und mindestens 30 Minuten im Ofen kross backen.

TIPP Mit einem leckeren Kräuterketchup (Rezept siehe S. 56) und einem großen gemischten Salat ergeben die Süßkartoffelpommes eine vollwertige Mahlzeit.

Für 4 Portionen
Zubereitungszeit: ca. 30 Minuten

Das Bild zu diesem Rezept finden Sie auf S. 58.

1 Knoblauchzehe
2 EL Tahin (Sesampaste)
5 EL Sojajoghurt
Saft von 1 kleinen Zitrone
1 EL Apfelessig
4 EL Olivenöl
Salz, Pfeffer

400 g Seitanfilets oder Räuchertofu
2 EL Brathuhngewürz
4 Scheiben Weißbrot
1 Eisbergsalat
16 Cocktailtomaten
Öl zum Braten
frische Kräuter zum Dekorieren

CAESAR'S SALAD MIT CHICKEN-STREIFEN

1 Knoblauch abziehen und durch die Presse drücken. Mit Tahin, 6 Esslöffel Wasser, Sojajoghurt, Zitronensaft, Essig und 3 Esslöffel Olivenöl in eine Schüssel geben und mit dem Schneebesen verquirlen. Das Dressing mit Salz und Pfeffer großzügig würzen.

2 Seitanfilets oder Tofu in Streifen schneiden und mit dem restlichen Olivenöl sowie dem Brathuhngewürz marinieren. Die Filets gut 10 Minuten ziehen lassen. Weißbrot würfeln. Eisbergsalat waschen, trockenschütteln und in mundgerechte Stücke zupfen oder schneiden. Cocktailtomaten waschen und halbieren.

3 Öl in einer Pfanne erhitzen und die marinierten Seitanfilets oder den Tofu darin kross anbraten. Wenig Öl in einer weiteren Pfanne erhitzen und die Weißbrotwürfel darin goldbraun rösten. Das Dressing unter den Eisbergsalat rühren und diesen auf 4 Teller verteilen. Seitanfilets oder Tofu und Brotwürfel auf dem Salat anrichten und mit den Cocktailtomaten und frischen Kräutern garnieren.

Für 8 Portionen
Zubereitungszeit: ca. 25 Minuten

Das Bild zu diesem Rezept finden Sie auf S. 65.

300 g Sojageschnetzeltes
etwas heiße Brühe
Öl zum Braten
500 ml Salsa (aus dem Glas)
½ Packung Gewürzmischung Chili con Carne
1 Salatgurke
4 Tomaten
1 Eisbergsalat
1 Dose Maiskörner
1 Dose Kidneybohnen
400 g Sojajoghurt
Salz
150 g geriebener veganer Käse
1 Packung Tacochips

TACOSALAT

1 Sojageschnetzeltes mit heißer Brühe bedecken und 15 Minuten quellen lassen. Öl in einer Pfanne erhitzen und das gequollene Sojahack darin kurz anbraten. Die Hälfte der Salsasauce und die Chili-con-Carne-Gewürzmischung unterrühren. Sojamasse erkalten lassen.

2 Gurke und Tomaten waschen, putzen und fein würfeln. Eisbergsalat waschen, trockenschütteln und klein schneiden. Mais und Kidneybohnen jeweils in ein Sieb geben und abtropfen lassen. Sojajoghurt salzen und mit der restlichen Salsasauce verrühren.

3 In eine Schüssel in dieser Reihenfolge schichten: Gurkenwürfel, Tomatenwürfel, Eisbergsalat, Mais, Kidneybohnen, Sojasalsa, Sojahack und veganen Käse. Anschließend die zerbröselten Tachochips auf dem Salat verteilen und diesen einige Stunden durchziehen lassen.

Für 4 Portionen
Zubereitungszeit: ca. 40 Minuten

- 1½ kg festkochende Kartoffeln
- 150 ml Sojamilch
- 3 EL Essig
- 1 TL Salz
- 1½ TL Senf
- ½ TL schwarzer Pfeffer
- 200 ml Olivenöl
- 200 g Sojajoghurt
- 1 rote Zwiebel
- 3 EL Kapern (optional)

CREMIGER KARTOFFELSALAT

1 Kartoffeln gut 30 Minuten weich garen. Anschließend pellen, in Scheiben schneiden und auskühlen lassen.

2 Sojamilch in einen hohen Mixbecher geben. Essig, Salz, Senf und Pfeffer dazugeben und den Pürierstab in den Mixbecher stellen; so mixen, dass der Pürierstab immer den Boden berührt, den Stab nicht bewegen. Während des Mixens ganz langsam das Öl einfließen lassen. Die Sojamilch-Öl-Masse soll etwas eindicken. Anschließend den Sojajoghurt unterrühren und mit Salz abschmecken.

3 Zwiebel abziehen und klein hacken. Die ausgekühlten Kartoffelscheiben mit der Mayonnaise, den Kapern und den Zwiebeln vermischen. Salat nochmals mit Salz und eventuell Senf abschmecken.

TIPP **Für mehr Frische klein gewürfeltes Gemüse wie Tomaten, Gurke, Paprika, Kohlrabi oder Karotten unterrühren.**

REZEPTREGISTER

ZUTATENREGISTER

IMPRESSUM

ISBN 978-3-8094-4802-0

1. Auflage 2023
Genehmigte Sonderausgabe © 2023
by Bassermann Verlag, einem Unternehmen der Penguin Random House Verlagsgruppe GmbH, Neumarkter Straße 29, 81673 München

Die Ratschläge in diesem Buch sind von den Autor*innen und vom Verlag sorgfältig erwogen und geprüft, dennoch kann eine Garantie nicht übernommen werden. Eine Haftung der Autor*innen bzw. des Verlags und seiner Beauftragten für Personen-, Sach- und Vermögensschäden ist ausgeschlossen.

Umschlaggestaltung:
Atelier Versen, Bad Aibling
Projektleitung:
Macielle Christin Montoya Barea

Redaktion: Dr. Ulrike Kretschmer, München
Satz und Layout: Nadine Thiel, Baldham
Bildredaktion: Sabine Kestler
Herstellung: Franziska Polenz

Foodfotografie: Udo Einenkel
Foodstyling: Udo Einenkel und Svenja Fox
Illustrationen: Adobe Stock: 6/7, 13 (Ekaterina), 11 (vladischern), 17, 69 (josepperjanes)

Über die Autorin
Michaela Russmann, studierte Gesundheitssoziologin und Autorin, beschäftigt sich bereits seit jungen Jahren mit gesunder Ernährung. Sie ist Inhaberin der BioWerkstatt in der Wiener Innenstadt, ein Bioladen mit großem biologischen Sortiment und veganem BioBistro. Michaela Russmann liebt es zu kochen und hält insbesondere zum Thema Rohkostküche Workshops und Seminare ab. 2009 erschien ihr erstes Kochbuch zur rohen Küche, weitere folgten, darunter ihr vom Vegetarierbund Deutschland (VEBU) als TOP-5-Titel ausgezeichnetes Buch ABER VEGAN.

Druck und Bindung:
Alföldi Nyomda Zrt., Debrecen

MIX
Papier | Fördert gute Waldnutzung
FSC www.fsc.org FSC® C010328

Printed in Hungary

67413286115